HERZRAUPEN
GEBROCHENES HERZ
TRUDE DIE ZIMMERIN
SEIN HERZ AUSSCHÜTTEN
DAS GRÜNE HERZ
GROSSES HERZ
KLEINES HERZCHEN
LEICHTES HERZ
DAS HERZ AM RECHTEN FLECK
HERZBLÄTTER
ZWEI HERZHÄLFTEN
LINKE HERZKAMMER
HERZ AUS STEIN
HERZKLAPPE
HENDRIK DER SCHMIED
HERZ AUS STROH
HERZ AUS HOLZ
STARKES HERZ
HERZ-SKULPTUR
VER-SCHLOSSENES HERZ
KÄMPFERHERZ
PIPPIN DIE TAUBE
MILAS VATER DER HOLZFÄLLER
KUNSTHERZ
ROM DER BRUDER DES HERZOGS
DIE WICHTEL
JULE
MILA
SIMON DER HEIZER

Von Marja Baseler, Annemarie van den Brink und Tjarko van der Pol bereits erschienen:

Diese Veröffentlichung wurde ermöglicht durch die finanzielle Unterstützung der *Dutch Foundation for Literature*. Der Verlag bedankt sich.

Nederlands letterenfonds
dutch foundation for literature

Marja Baseler & Annemarie van den Brink

Burg Herzberg

Bitte klopfen!

Illustriert von Tjarko van der Pol

Aus dem Niederländischen von
Meike Blatnik

Klett
Kinderbuch

Für Wilco, für immer in meinem Herzen.
A. vd. B.

Für meinen Vater Louke, der im Leben immer seinem Herzen folgte.
M. B.

Mit großem Dank an den Kardiologen Hans Bosker für seine wertvolle Unterstützung.

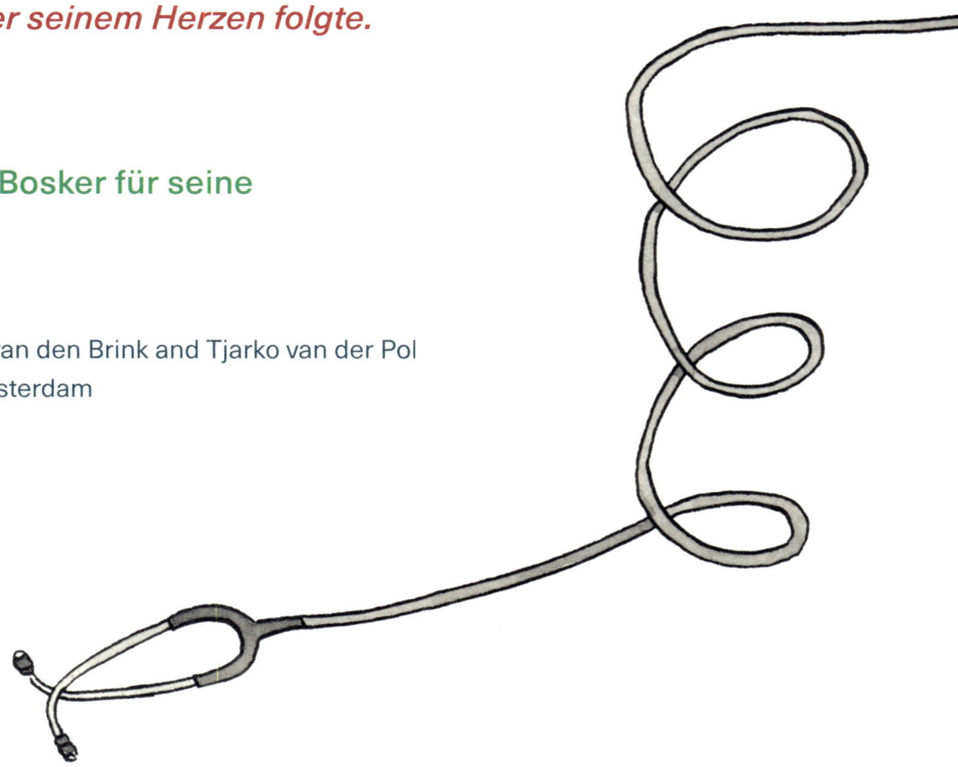

Originally published by Uitgeverij Luitingh-Sijthoff B.V., Amsterdam

Für die deutschsprachige Ausgabe:
4. Auflage 2025

Umschlaggestaltung: Florian v. Wissel, hoop-de-la, Köln, unter Verwendung einer Illustration von Tjarko van der Pol
Layout & Satz: Florian v. Wissel, hoop-de-la design, Köln
Druck & Bindung: Livonia Print, Riga
Erschienen bei: Klett Kinderbuch Verlag GmbH,
Richard-Lehmann-Straße 14, 04275 Leipzig
info@klett-kinderbuch.de, www.klett-kinderbuch.de
Printed in Latvia
ISBN 978-3-95470-304-3

MIX
Papier | Fördert gute Waldnutzung
FSC® C002795

Inhalt

Wenn du diese Abbildung siehst, ...

... dann schlag im Anhang ab Seite 42 nach. Dort findest du noch mehr Wissenswertes und superpraktische Tipps für ein fittes Herz.

Burg Herzberg

In einem Land, nicht weit entfernt, in einem tiefen, tiefen Kiefernwald liegt die Burg Herzberg. Von Zeit zu Zeit treffen sich die Burgbewohner und die Dorfbewohner, um sich gegenseitig spannende Geschichten zu erzählen. Und manchmal ... schlagen ihre Herzen höher und sie verlieben sich!

Jeden Tag überquert Mila, die Tochter des Holzfällers, die Zugbrücke, um Feuerholz zur Burg zu bringen. Und jeden Tag wartet Amor, der Sohn der Wächterin, auf sie, um ihr zu helfen. Insgeheim mögen sich die beiden sehr.

Faustgroß

Mach eine Faust und sieh sie dir an. So groß ist dein Herz. Es wächst dein ganzes Leben lang. Wenn du erwachsen bist, hast du also ein größeres Herz.

1 Was macht das Blut?

Als Mila an diesem Tag den Wagen mit Holz belädt, dämmert es schon. Plötzlich hört sie eine vertraute Melodie. Das ist Amor, der wie immer am Burgtor auf sie wartet! Sofort pfeift Mila zurück: Ich komme! Sie kann es kaum erwarten, ihren Freund zu sehen. Morgen ist nämlich Amors Geburtstag. Deshalb darf sie heute mit auf der Burg übernachten.
Eilig klemmt sie sich Amors Geschenk unter den Arm. Sie hat es selbst aus Holz geschnitzt und in ihren Lieblingspulli eingewickelt.
Dann winkt sie ihrem Vater zum Abschied zu und rennt los. „Bis morgen, Papa!"

Dass sie ihren Vater so bald nicht wiedersehen wird, ahnt sie da noch nicht ...

Herzschlag

Du siehst dein Herz zwar nicht. Trotzdem schlägt es die ganze Zeit. Auch wenn du schläfst. Dein Herz kann nie Pause machen oder mal einen Tag freinehmen. Es schlägt dein ganzes Leben lang.

3 Was weißt du über deine Organe?

Die Pumpe deines Körpers

Dein Herz pumpt *Blut* durch deinen Körper. Das Blut muss immer in Bewegung bleiben, da es *Sauerstoff* und andere *Nährstoffe* transportiert. Auf diesem Weg bekommen deine *Muskeln* und *Organe* all die Energie, die du zum Sportmachen, Spielen und Denken brauchst!

2 Was sind Nährstoffe?

Ich ♥ dich

Das rote Herz ist auf der ganzen Welt ein Zeichen für die Liebe. Bist du verliebt? Dann schlägt dein Herz schneller und pumpt dadurch mehr Blut durch deinen Körper. Auch dein Atem geht schneller, in deinem Bauch kribbelt es und vielleicht bekommst du auch schwitzige Hände. Dein Körper reagiert also ganz ähnlich wie in einer Stresssituation.

Herzensmenschen

„Da ist ja deine Freundin“, sagt Amors Mutter, als Mila am Burgtor ankommt.
„Gar nicht wahr!“, ruft Amor. „Mila ist meine *allerbeste* Freundin!“
Er mustert interessiert das eingepackte Geschenk.
„Nicht so neugierig“, sagt Mila lachend. „Noch einmal schlafen, dann kriegst du es.“
Da treten der Herzog und die Herzogin auf die Zugbrücke.
„Herzlich willkommen!“, sagt der Herzog.
„Wir freuen uns, dass ihr heute bei uns übernachtet. Aber helft ihr Simon zuerst noch mit dem Feuer?“, fragt die Herzogin.
„Ihr kennt euch ja aus.“
Mila nickt. „Na klar.“
„Bis morgen!“, ruft Amors Mutter den beiden Kindern hinterher, als sie in die Burg gehen.

Im Herzen

Mit guten Freundinnen und Freunden lachst du und hast Spaß. Du teilst deine Geheimnisse und Gefühle mit ihnen, und wenn du traurig bist, sind deine Herzensmenschen für dich da. Das fühlt sich nicht nur gut an, sondern ist auch gut für dein Herz. Forschungen haben gezeigt, dass Einsamkeit Herz-Kreislauf-Probleme bei Menschen hervorrufen kann. Wahre Freundschaften dagegen machen das Herz stark und froh.

Feuer und Flamme

Mila und Amor schleppen das Holz die steile Burgtreppe hinauf. „Ich kann nicht mehr“, keucht Amor. „Ich bin ganz außer Atem.“ „Wen haben wir denn hier? Das baldige Geburtstagskind und seine kleine Freundin“, sagt Simon der Heizer schmunzelnd, als die Kinder in der Heizkammer ankommen. „Na los, facht das Feuer ordentlich an!“ Er zeigt auf einen Stapel Holz und nimmt den Blasebalg. „Ihr das Holz, ich die Luft.“ Mit glühenden Wangen werfen Mila und Amor Holzscheit um Holzscheit in das Feuer. Simon bläst Luft dazu. Schon bald lodern die Flammen kräftig und erwärmen den riesigen Heizkessel nebenan, über dessen Rohre ganz Herzberg mit Wärme und Energie versorgt wird. Zufrieden schaut Simon sich um. „So bleibt es heute Nacht schön warm in der Burg. Puh, das war ganz schön anstrengend. Habt ihr auch solchen Hunger?“

Sauerstoff rein, Kohlendioxid raus

Dank deiner *Lunge* kannst du atmen. Das geht ganz von selbst, ohne dass du darüber nachdenkst. Jedes Mal, wenn du einatmest, strömt neue Luft in deine Lunge. Durch sie gelangt lebenswichtiger *Sauerstoff* in dein Blut, der mit dafür verantwortlich ist, dass dein Körper neue Energie bekommt. Bei jeder Ausatmung stößt du *Kohlendioxid* oder auch *Kohlenstoffdioxid* aus.

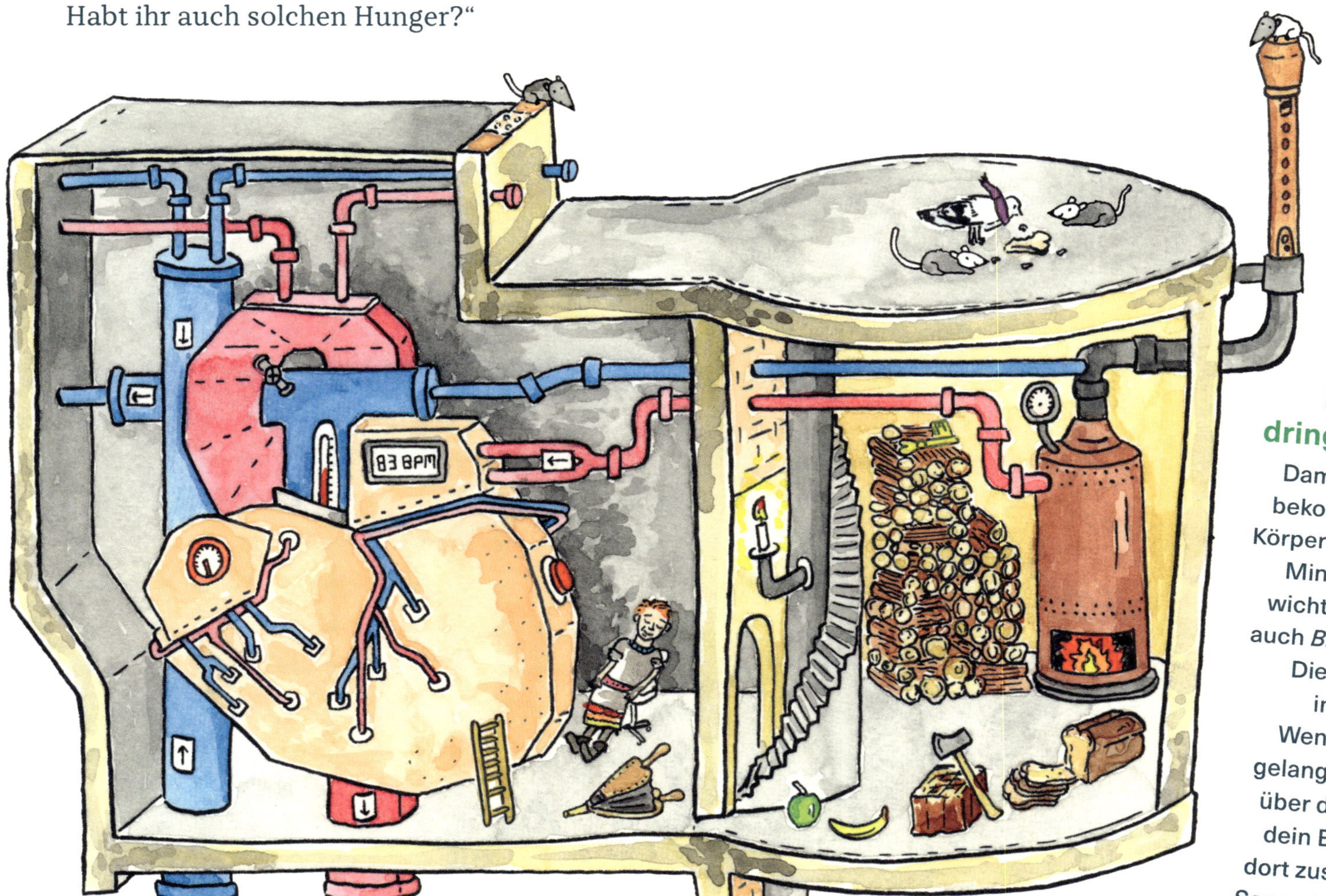

Brennstoff = dringend notwendig

Damit du neue Energie bekommst, braucht dein Körper nicht nur Sauerstoff. Mindestens genauso wichtig sind *Nährstoffe,* auch *Brennstoffe* genannt. Diese stecken z. B. im Essen drin. Wenn du etwas isst, gelangen die Nährstoffe über den Dünndarm in dein Blut und werden dort zusammen mit dem Sauerstoff vom Herzen zu deinen Zellen gepumpt.

Kraftwerke

Dein Körper besteht aus Milliarden *Zellen.* Auch deine Muskeln und deine Organe. In den Zellen befinden sich kleine Kraftwerke, deren wichtigste Aufgabe es ist, aus dem Sauerstoff und Brennstoff neue Energie herzustellen.

Teamwork

Dein Herz und deine Lunge arbeiten wie zwei gute Freunde zusammen. Mit jeder Einatmung nimmt deine Lunge Sauerstoff im Blut auf. Dein Herz pumpt das Blut voller Sauerstoff und Brennstoffe durch deinen Körper zu den Zellen. Gute Teamarbeit!

4 Wie gelangt der Sauerstoff aus der Lunge in dein Blut?

Lang lebe die Lunge!

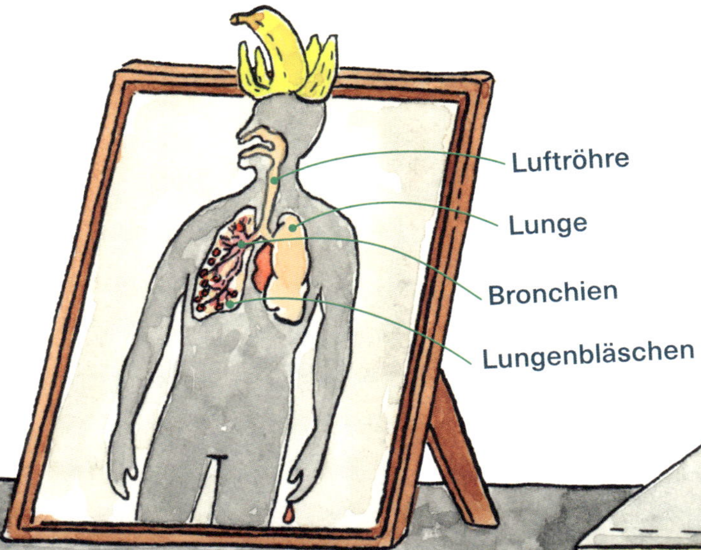

Ein halber Tennisplatz voll

Du atmest die Luft über den Mund oder die Nase ein. Danach strömt sie durch deine *Luftröhre* in die *Bronchien* und damit in deine *Lunge.* Am Ende der Bronchien befinden sich winzig kleine *Lungenbläschen.* Diese sorgen dafür, dass der Sauerstoff in dein Blut gelangt. Über das Blut wird der Sauerstoff danach durch deinen ganzen Körper transportiert. Um gut atmen zu können, braucht es viele gesunde Lungenbläschen. Würde man sie nebeneinander ausbreiten, könnte man damit einen halben Tennisplatz bedecken!

Im Großen Saal machen die Heizungsrohre klopfende Geräusche. Mila und Amor sitzen mit dem Herzog, der Herzogin und dem Herzkasper an der großen Tafel. Doch einer fehlt.
„Warum bleibt Herr Rom eigentlich immer oben in seiner Kammer?“, fragt Amor. Er hat den Bruder des Herzogs schon lange nicht mehr gesehen.
Der Herzog zuckt mit den Schultern. „Tja, mein eigenwilliges Bruderherz … Ein gescheiter Professor ist er, aber seit einiger Zeit sitzt er meistens in seinem Turm mit seinen Büchern und seinen Tauben und pflegt sein gebrochenes Herz.“

Mila muss daran denken, was Papa ihr einmal erzählt hat. Rom war früher in Jule aus dem Wald verliebt und Jule in Rom. Aber sie hatten Streit und haben sich seitdem nie wieder gesehen.

Nach dem Abendessen gehen Mila und Amor hinauf ins Gästezimmer, hoch oben in der Burg. Als Mila aus dem Fenster in die Dunkelheit schaut, sieht sie in Roms Turmzimmer Licht brennen.

Dein Körper braucht Energie, um sich bewegen und warmhalten zu können. Diese Energie wird von deinen Zellen aus Sauerstoff und Brennstoff hergestellt. Den Sauerstoff atmest du ein, den Brennstoff gewinnst du aus Essen.

(plus ein bisschen Wasser in Form von Schweiß, Urin und Wasserdampf beim Ausatmen)

Bumm-Kabumm

Jedes Mal, wenn sich dein Herz zusammenzieht und wieder entspannt, ertönt ein Klopfgeräusch. Mit einem Stethoskop kann eine Ärztin oder ein Arzt deinen Herzschlag hören. Das Bumm-Kabumm-Geräusch kommt von den unterschiedlichen Herzklappen, die sich kurz nacheinander öffnen und schließen. Der erste Ton ist dabei immer ein bisschen dumpfer als der zweite. Willst du auch mal ein Herz schlagen hören? Dann leg deinen Kopf bei jemandem auf die Brust.

Mehr Wissenswertes über die Herzklappen findest du auf Seite 19.

So kräftig schlägt dein Herz

Du kannst deinen Herzschlag spüren. Leg dafür zwei Fingerspitzen auf die Innenseite deines Handgelenks unterhalb des Daumens. Fühlst du deinen Herzschlag? So kräftig schlägt dein Herz!

Herzklopfen

In dieser Nacht zieht ein heftiges Gewitter herauf. Blitze erhellen den Himmel und Donner hallt von den Felsen wider. Der Wind heult um die Burgtürme und Hagel prasselt gegen die Fenster. Vögel fliegen kreischend davon und im Wald verkriechen sich die Tiere in ihren Höhlen.
Amors Herz klopft. „Das Bett wackelt!“, flüstert er.
Auch Mila spürt, wie das Bett durch das tosende Gewitter bebt. Doch außer dem Donner hört sie noch etwas anderes. Ein seltsames, schweres Rumpeln, das aus der Ferne auf sie zukommt. Plötzlich erschüttert ein Donnerschlag Burg Herzberg, gefolgt von einem ohrenbetäubenden Krachen. Dann ist es still.

Erste Hilfe bei Unruhe

Bist du angespannt, unruhig oder verängstigt? Geht dein Atem schneller und dein Herzschlag erhöht sich? Das hilft: Atme tief und ruhig durch die Nase ein und aus.

Alles schlimm

Ich habe Geburtstag, ist das Erste, was Amor nach dem Aufwachen denkt. Doch gleich darauf erinnert er sich an das laute Krachen von letzter Nacht. Hoffentlich ist nichts Schlimmes passiert und seine Geburtstagsfeier kann wie geplant stattfinden.

„Amor!“ Mila steht am Fenster. „Schau mal, da!“ Amor springt aus dem Bett und läuft zu ihr. Ein riesiger Felsbrocken ist auf die Zugbrücke gefallen und hat sie völlig zertrümmert.

„Jetzt kann ich nicht mehr zu Papa!“, sagt Mila erschrocken. Amor legt den Arm um seine Freundin. „Keine Angst, es wird alles gut. Lass uns die anderen suchen! Vielleicht haben sie schon eine Lösung.“

„Warte!“ Mila rennt zum Bett und kommt mit Amors Geschenk wieder. Verlegen hält sie es ihm hin.

„Herzlichen Glückwunsch.“

Als Amor das Geschenk auswickelt, wird er ganz rot: Mila hat ihm ein großes Herz aus Holz geschnitzt.

Frischluft tut gut

Wachst du manchmal mit Kopfweh oder ganz benommen auf? Das kommt daher, dass du nachts verbrauchte Luft ausatmest, die nicht aus dem geschlossenen Zimmer entweichen kann. Am besten öffnest du deshalb morgens als Erstes dein Schlafzimmerfenster zum Lüften. Noch besser ist es, gleich mit offenem Fenster zu schlafen.

Umgekehrter Baum

Deine Lunge besteht aus zwei Lungenflügeln, die zusammen wie ein umgekehrter Apfelbaum aussehen. Die Äste sind die Bronchien und die Äpfel die Lungenbläschen.

Saubere Luft

Dein Herz und deine Lunge brauchen immer frischen Sauerstoff. Im Wald, im Park oder am Meer ist die Luft besonders sauber, also ohne viele Schadstoffe. Atme deshalb in der Natur immer schön tief ein und aus.

Schwerer Atem

Bei Lungenkrankheiten wie Asthma sind die Lungenbläschen oftmals entzündet oder die Atemwege verengt. Dann kann man schwieriger atmen und muss öfter husten. Manchmal ist man auch müde oder es wird einem schwummrig.

Schlagendes Herz

Nach langem Suchen finden Mila und Amor die Herzogin und den Herzog in der Heizkammer.
„Kinder!", ruft der Herzog. „Habt ihr das Unglück auch schon gesehen?"
„Ja", sagt Amor. „Hat jemand schon eine Idee, was wir jetzt machen? Und kann meine Feier trotzdem stattfinden?"
Die Herzogin schüttelt den Kopf. „Wir können erst feiern, wenn der Fels entfernt und die Brücke repariert ist, und das wird eine Weile dauern."
„Können wir nicht durch den Burggraben schwimmen?", fragt Amor.
„Das ist zu gefährlich", brummt der Herzog. „Dort leben der Wach-Hai und die Burggraben-Schlange. Am Ende bekommen die noch Appetit auf uns."
„Außerdem ist der Burggraben viel zu schmutzig", sagt die Herzogin. „Ihr würdet krank werden."
„Und was ist mit dem Heizkessel? Reicht der Holzvorrat?", fragt Mila.
„Wir haben genug Holz für eine Woche, aber dann ist es alle", sagt Simon der Heizer besorgt. „Wir müssen sehr sparsam sein."

Zwei Hälften

Dein Herz besteht aus zwei Hälften, einer rechten und einer linken. Beide Hälften sind in jeweils zwei Räume unterteilt: in einen *Vorhof* und eine *Kammer*. Eine Zwischenwand, die sogenannte *Herzscheidewand*, verhindert, dass sich sauerstoffarmes Blut aus der rechten und sauerstoffreiches Blut aus der linken Herzhälfte vermischen.

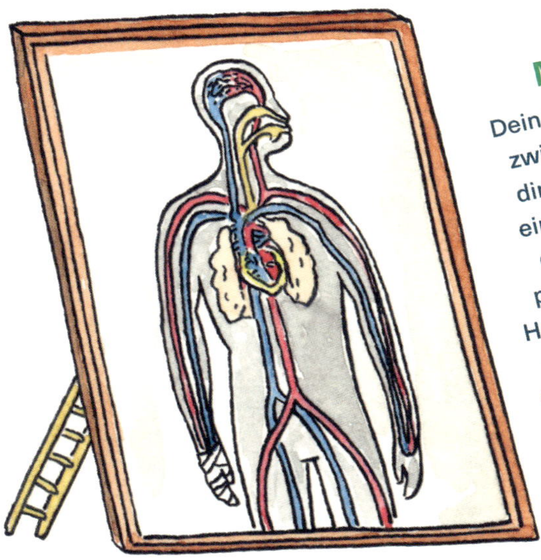

Magischer Motor

Dein Herz liegt in deinem Brustkorb zwischen den Lungenflügeln, von dir aus gesehen leicht links. Es ist ein unheimlich starker Muskel, der das Blut in alle deine Körperteile pumpt. Jede Minute zieht sich dein Herzmuskel zwischen 80 und 100 Mal zusammen (bei Erwachsenen etwa 60 bis 80 Mal). Was für ein magischer Motor dein Herz ist! Kümmere dich gut um ihn, damit du ja keinen Motorschaden erleidest.

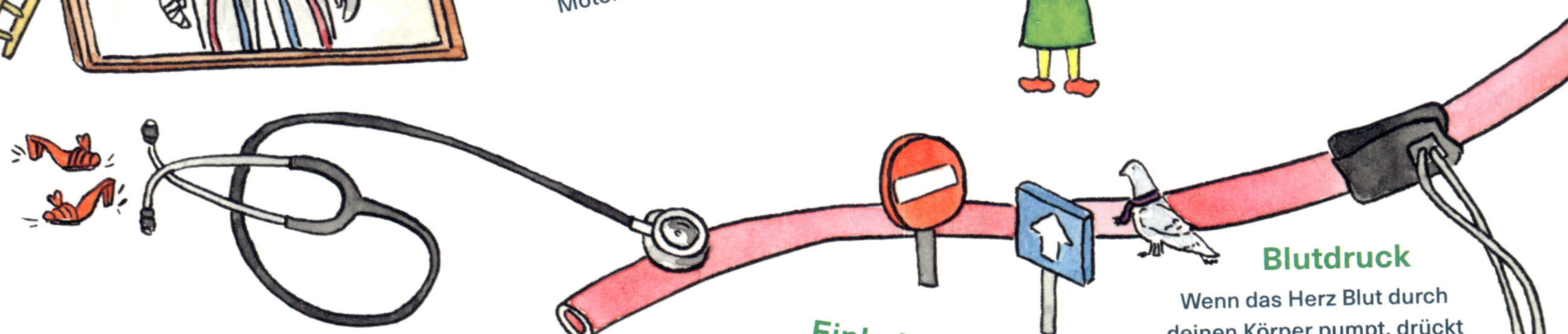

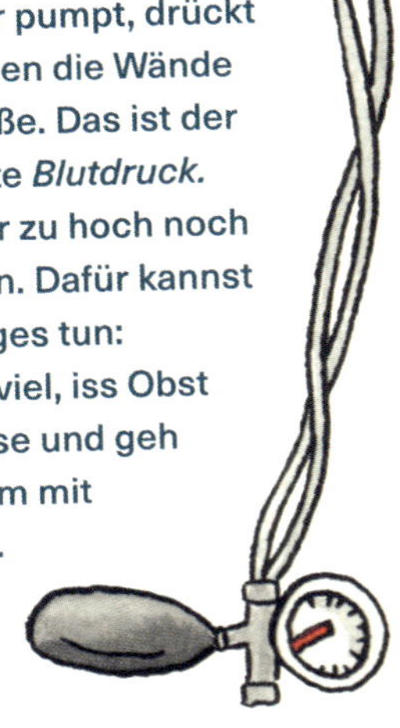

Schlägt das Herz von selbst?

Dein Herz wird durch Reize aktiviert, die im *Sinusknoten* entstehen. Der Sinusknoten sendet elektrische Impulse aus, wie eine Art Blitz. Dadurch zieht dein Herzmuskel zuerst die Vorhöfe und dann die Kammern zusammen, sodass dein Herz pumpt. Der Sinusknoten gibt somit den Takt für dein Herz an und regelt auch die Geschwindigkeit, mit der es schlägt. Wenn du läufst, arbeitet er mehr, und wenn du schläfst, lässt er es ruhiger angehen.

Einbahnstraße

Es gibt vier *Klappen* in deinem Herzen, die dafür sorgen, dass dein Blut immer in die richtige Richtung fließt. Sogar wenn du auf dem Kopf stehst. Die Klappen funktionieren dabei wie Schleusen, die sich schließen, sodass das Blut nicht in die andere Richtung fließen kann.

Blutdruck

Wenn das Herz Blut durch deinen Körper pumpt, drückt das Blut gegen die Wände der Blutgefäße. Das ist der sogenannte *Blutdruck*. Er darf weder zu hoch noch zu niedrig sein. Dafür kannst du einiges tun: Beweg dich viel, iss Obst und Gemüse und geh sparsam mit Salz um.

DEIN HERZ

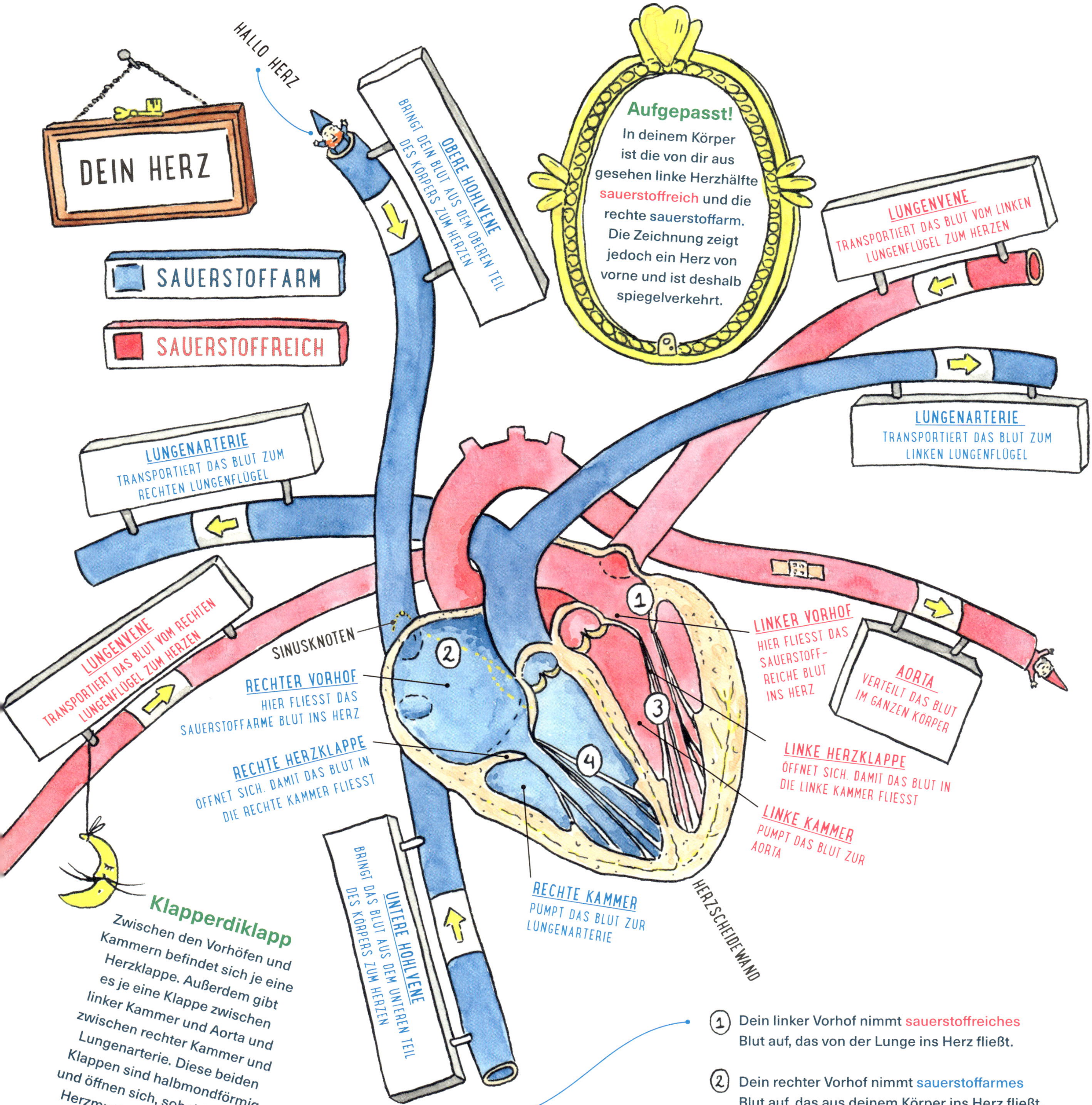

Aufgepasst!

In deinem Körper ist die von dir aus gesehen linke Herzhälfte sauerstoffreich und die rechte sauerstoffarm. Die Zeichnung zeigt jedoch ein Herz von vorne und ist deshalb spiegelverkehrt.

Klapperdiklapp

Zwischen den Vorhöfen und Kammern befindet sich je eine Herzklappe. Außerdem gibt es je eine Klappe zwischen linker Kammer und Aorta und zwischen rechter Kammer und Lungenarterie. Diese beiden Klappen sind halbmondförmig und öffnen sich, sobald sich der Herzmuskel zusammenzieht. Dadurch wird Blut aus den Vorhöfen in die Aorta und die Lungenarterie gepumpt.

Schnelle Runde

Jedes Mal, wenn sich dein Herzmuskel zusammenzieht, fließt das Blut durch deinen Körper. Das dauert insgesamt nicht länger als eine Minute. Angefangen bei deiner Nasenspitze bis hin zum kleinen Zeh. Auf dem Hinweg ist dein Blut voller Sauerstoff und anderer Nährstoffe. Das nennt man *sauerstoffreich.* Auf dem Rückweg nimmt das Blut Abfallstoffe z. B. in Form von Kohlendioxid mit. Dann ist es *sauerstoffarm.*

1. Dein linker Vorhof nimmt sauerstoffreiches Blut auf, das von der Lunge ins Herz fließt.
2. Dein rechter Vorhof nimmt sauerstoffarmes Blut auf, das aus deinem Körper ins Herz fließt.
3. Deine linke Kammer pumpt sauerstoffreiches Blut in deinen Körper, um ihn mit neuer Energie zu versorgen.
4. Deine rechte Kammer pumpt sauerstoffarmes Blut zu deiner Lunge, wo es wieder Sauerstoff aufnimmt.

Danach strömen beide Vorhöfe wieder voll und alles geht von vorne los.

Lies mehr über deine Venen und Arterien auf Seite 24 und 25.

Herzerwärmend

Eine Woche später

„M-m-mir ist so kalt“, sagt Amor und klappert mit den Zähnen.
„M-m-mir auch.“ Mila zittert am ganzen Körper. Schnee fällt in dicken Flocken vom Himmel, die Winterkälte hat sich in den Burgmauern eingenistet und das Brennholz ist fast aufgebraucht. Ein eisiger Wind dringt durch die Fensterritzen der Burg und bläst die Fackeln aus.
Mila und Amor haben dicke Wollpullover angezogen. Um sich warm zu halten, laufen sie die Treppe zum Vorratskeller auf und ab.

„Ich habe Hunger“, sagt Amor. „Lass uns nachsehen, ob es noch etwas zu essen gibt.“ Aber im Vorratskeller sind die Regale so gut wie leer.
„Wir haben fast nichts mehr“, sagt Karl, der Kellermeister. „Der Kuchen ist alle und das Mehl auch. Wollt ihr vielleicht eine Möhre?“ Karotten knabbernd verlassen die beiden Kinder den Keller.
„Versucht es mal in der Küche!“, ruft ihnen Karl hinterher. „Vielleicht hat Balduin noch etwas Brot für euch.“

So wird dir warm

Dein Blut reguliert deine Körperwärme. Ist dir kalt? Dann lass dein Herz arbeiten. Denn wenn du dich bewegst, schlägt dein Herz häufiger, sodass dein Blut schneller fließt. Mach zehn Kniebeugen oder lauf die Treppe rauf und runter. Dein Blut und deine Muskeln erwärmen sich und eh du dich versiehst, kommst du ins Schwitzen.

5 Wie kannst du dich um dein Herz kümmern?

Herzschmerz

Ohne das Brutzeln der Töpfe auf dem Herd ist es kalt und still in der Küche.
„Ah, ihr seid's, Kinder", sagt Balduin. „Knurren eure Mägen auch so?"
Mila und Amor nicken, aber der Bäcker beachtet sie nicht, denn in diesem Moment kommt Clara, die Köchin, zu ihnen.
„Schau mal, Clara, extra für dich", sagt Balduin stolz und zeigt auf den Tisch. „Eine herzhafte Tarte aus unserem letzten Gemüse."
Clara errötet.
„Bekommen wir ein Stück ab?", fragt Mila. „Wir haben so großen Hunger und ..." Sie schluchzt auf.
„Hast du etwas auf dem Herzen?", fragt Clara.
„Ich vermisse meinen Papa", sagt Mila schniefend.
„Und ich vermisse die Nusstorte, die er immer für mich backt."
Clara nimmt sie in den Arm, während Balduin die Tarte anschneidet.

Welches Herz ist gemeint?

Das Herz ist ein Organ, das Blut durch deinen Körper pumpt. Aber ein Herz ist auch das Symbol für die Liebe und andere positive Gefühle.

Herzschmerz

Wenn du sehr traurig bist, hast du vielleicht das Gefühl, dass dein Herz wehtut. Zum Beispiel wenn du jemanden sehr vermisst, wenn du Heimweh hast oder nach Hause willst. Bemerkst du ein Gefühl der Anspannung in dir? Erleichtere dein Herz!

6 Mein Herz erleichtern, wie geht das?

ISS GESUND

Was du über Essen wissen solltest

Gesund zu essen ist gut für dein Herz. Aber was solltest du essen und was besser nicht?

Tipp: Iss alle Farben des Regenbogens!

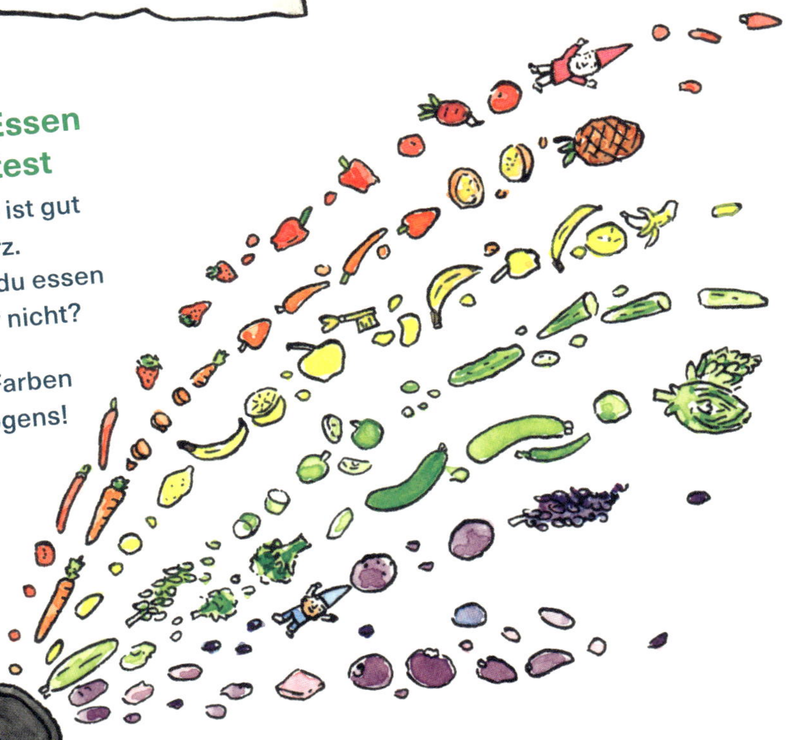

Wo stecken zu viel Zucker oder Fette drin?

Dein Körper braucht Fette und Zucker, um sich bewegen und denken zu können. Aber zu viel davon ist ungesund für dein Herz und deine Blutgefäße. Also greif nicht zu oft nach Lebensmitteln mit viel Zucker und Fetten. Hier sind sie am häufigsten zu finden:

Fette: Snacks, Eis, Butter, Schokolade, Chips

Zucker: Süßigkeiten, Fruchtsaft, Softdrinks, Kekse, Kuchen

Getarntes Obst und Gemüse

Es gibt viele Möglichkeiten, wie du mehr Obst und Gemüse essen kannst:

- Joghurt mit Banane
- Brokkoliburger
- Früchtesmoothie
- Spinat-Pfannkuchen
- Karotten-Kuchen
- Snacktomaten in der Brotdose

Schweren Herzens

„Können wir bald nach Hause?“, fragt Amor. Er hat Heimweh und ist nicht der Einzige am Tisch, der betrübt dreinschaut. Trude, die Zimmerin, seufzt. „Der Fels ist zentnerschwer. Der lässt sich nicht so einfach wegschieben.“

„Ich bringe es kaum übers Herz, aber ich muss es euch sagen“, murmelt Simon. „Es sind nur noch drei Holzscheite übrig.“

„Das Essen ist auch so gut wie alle“, sagt Clara.

„Und was ist mit der neuen Zugbrücke?“, fragt Mila Hendrik, den Schmied.

„Die Dorfbewohner geben ihr Bestes. Aber zuerst muss der Fels zur Seite geräumt werden. Wir brauchen einen guten Plan“, sagt er.

„Kommt schon, seid bitte nicht so trübsinnig!“, ruft die Herzogin. „Wilhelm, Zeit für Musik!“

Wilhelm, der Minnesänger, stimmt die Burghymne an. Aber niemand singt mit.

Zwei Runden

Die Reise, die das Blut durch deinen Körper macht, heißt *Blutkreislauf.* Während dein Blut einmal durch den Körper fließt, gelangt es zweimal durch dein Herz und macht von dort aus eine große und eine kleine Runde. Der *kleine Blutkreislauf* bringt dein Blut vom Herzen zur Lunge und zurück. Der *große Blutkreislauf* lässt dein Blut vom Herzen einmal durch den restlichen Körper und wieder zurück strömen.

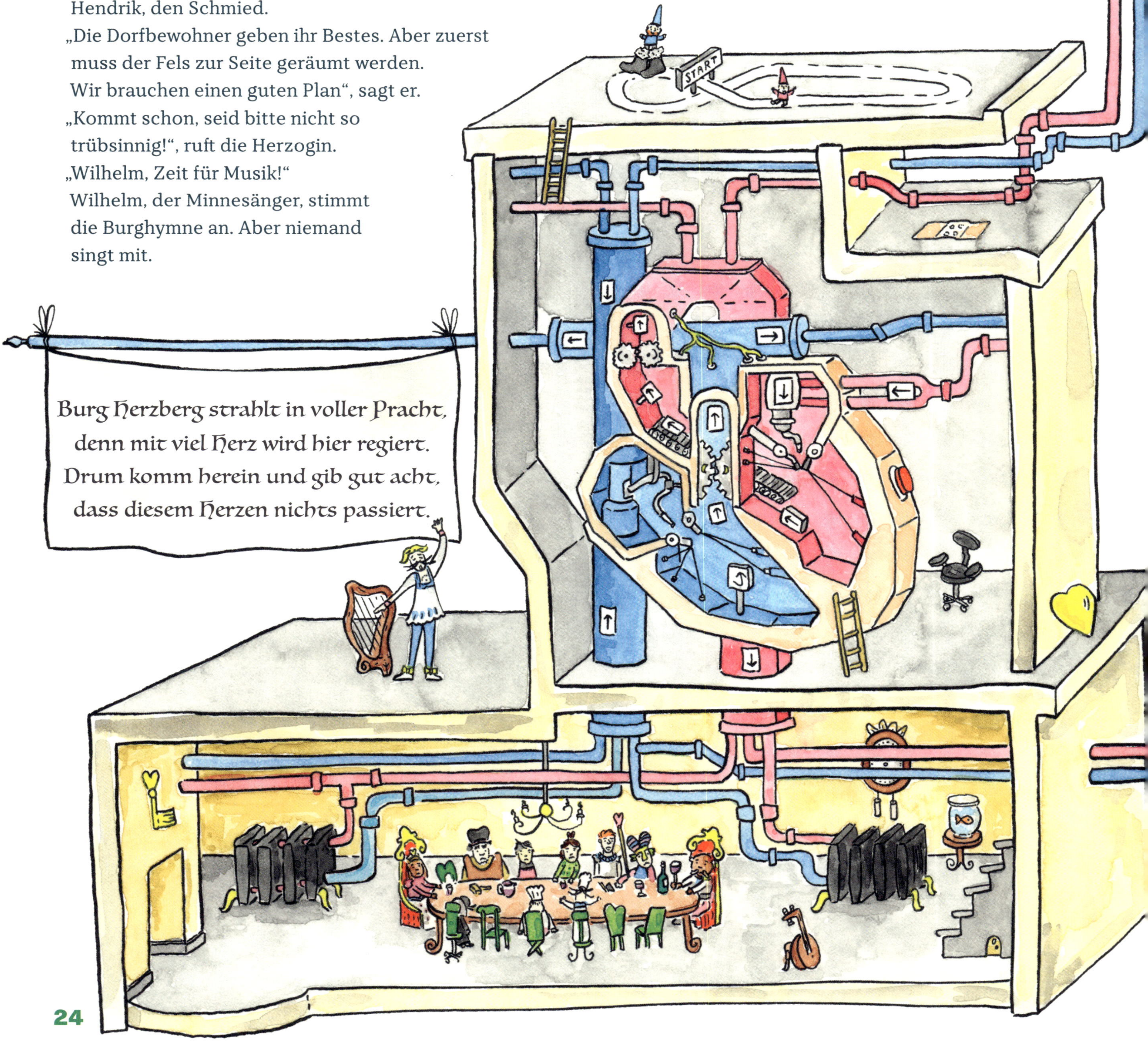

GROSSER UND KLEINER BLUTKREISLAUF

= SAUERSTOFFREICH
ARTERIEN TRANSPORTIEREN DAS BLUT VOM HERZEN WEG

= SAUERSTOFFARM
VENEN TRANSPORTIEREN DAS BLUT ZUM HERZEN

Wie ein Sieb

Die kleinen Blutgefäße, die deine Organe umgeben, werden *Kapillare* genannt. Sie haben eine wichtige Aufgabe, denn sie geben Sauerstoff und Nährstoffe aus dem Blut an deine Organe ab.

Außerdem nehmen sie Abfallstoffe aus den Organen auf und transportieren diese über das Blut wieder ab. Die Stoffe wandern dabei durch die Öffnungen der Kapillare. Wie bei einem Sieb.

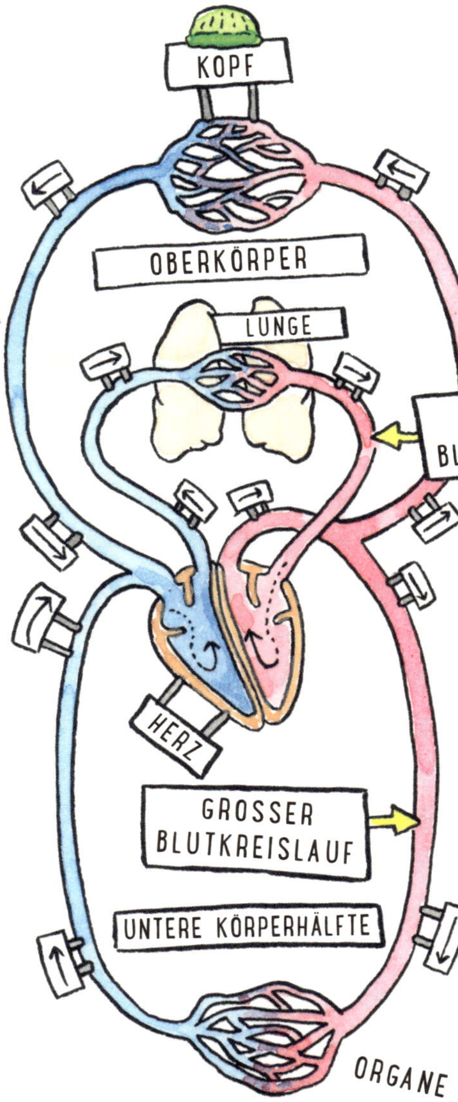

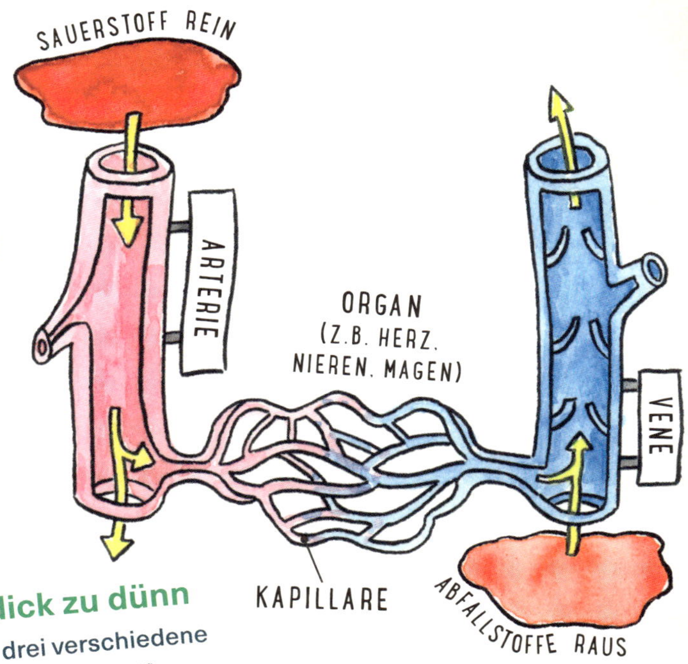

Von dick zu dünn

Du hast drei verschiedene Arten von Blutgefäßen. *Arterien* sind dickwandig und stabil. Sie transportieren das Blut vom Herzen weg und führen sauerstoff- und nährstoffreiches Blut (mit Ausnahme der Lungenarterien). *Venen* sind dünnwandig und sehr dehnbar. Sie leiten das Blut zum Herzen und transportieren Abfallstoffe im Blut (mit Ausnahme der Lungenvenen). *Kapillare* sind die dünnsten Blutgefäße. Sie befinden sich in allen Organen und sind zehnmal dünner als ein Haar.

8 Hellrotes und dunkelrotes Blut

7 Kann man Blutgefäße sehen?

Zweieinhalbmal rund um die Erde

Blutgefäße sind wie dünne Röhren, durch die dein Blut fließt. Wusstest du, dass alle deine Blutgefäßröhren zusammengenommen eine Länge von mehr als 100.000 Kilometern haben? Das ist zweieinhalbmal rund um die Erde!

leicht und luftig

„Beeil dich!“, ruft Mila Amor zu, der das Plumpsklo der Burg besetzt.
Amor seufzt. Das Kacken fällt ihm heute schwer. Vor allem, weil er sich solche Sorgen macht – um seine Mutter, die Holzvorräte, die Brücke ... Er atmet tief ein und aus und versucht sich zu entspannen, bis seine Wurst endlich durch das Plumpsklo in den Schlossgraben fällt.
Mila bollert gegen die Tür. „Hallo, bist du bald mal fertig mit deiner Sitzung? Ich muss auch mal.“

„Uff, das war dringend!“, sagt Mila, als sie fertig ist. „Kommst du mit raus? Trude hat die Wippe repariert.“
„Gute Idee“, sagt Amor. „Lass uns schnell noch ein bisschen wippen, ehe jemand auf die Idee kommt, sie zu Brennholz zu verarbeiten.“

Und weg damit!

Dein Körper produziert Abfallstoffe und entsorgt sie selbstständig. Wenn du auf der Toilette dein großes und kleines Geschäft* machst, scheidet dein Körper *Urin* und *Kacke* aus. Beim Ausatmen gibst du Abfall in Form von Kohlendioxid ab.

Krankes Herz

Ältere Blutgefäße können verstopfen. Auch die rund ums Herz. Wenn dann zu wenig sauerstoffhaltiges Blut zum Herzen durchdringt, kann es zum *Herzinfarkt* kommen. Dabei wird ein Teil des Herzmuskels nicht mehr durchblutet, sodass er nicht richtig pumpen kann. Manchmal bleibt das Herz bei einem Infarkt auch kurz stehen und hört auf zu schlagen. Ein solcher *Herzstillstand* darf nicht zu lange dauern, sonst stirbt die Person.

9 Wie kommt es zur Verstopfung eines Blutgefäßes?

*Willst du mehr über deine Verdauung wissen? Dann lies

Die Kackwurstfabrik

EIN HOCH AUF DEIN HERZ

Bewegung an der frischen Luft = beste Medizin

Viel Bewegung draußen ist gut für Herz und Lunge. Denn dabei atmest du frische Luft mit viel Sauerstoff ein, den dein Herz mit dem Blut durch deinen Körper pumpt. Darum ist Bewegung an der frischen Luft besonders gesund.

Rauchen = Gift

Rauchen ist schlecht für Herz und Lunge. Durch den Zigarettenrauch gelangen Giftstoffe ins Blut und die Lungenbläschen werden zerstört. Die Blutgefäße verengen sich und verstopfen, wodurch weniger Sauerstoff hindurchgelangt. Das Atmen und auch gewöhnliche Dinge wie Treppenlaufen fallen dann schwerer.

Oben auf den Zinnen machen die Burgbewohner Sport an der frischen Winterluft.
„Super, dass ihr auch mitmachen wollt!", ruft die Herzogin Mila und Amor zu.
„Ich glaube, wir brauchen alle mal wieder ein bisschen Spaß und Bewegung!"
„Puh, ich setz heute aus", sagt der Herzog und zündet sich eine Pfeife an.
„Lass das!", ruft seine Frau. „Sonst bekommst du noch Herzprobleme."
Amor und Mila setzen sich auf die Wippe und Amor macht sich richtig schwer.
„Huch, ich flieg fast in die Luft!", ruft Mila.
Amor lacht. „Wenn der Fels doch auch so in die Luft fliegen würde!"
„Was sagst du da?", fragt Mila. Auf einmal kommt ihr ein Gedanke.
„Ich weiß was. Hör zu!"

„Super!", sagt Amor, nachdem Mila fertigerzählt hat.
„Lass uns schnell zu Rom laufen! Wenn er wirklich so klug ist, wie alle sagen, kann er uns bestimmt helfen."

Starkes Herz

Dein Herz ist ein Muskel. Muskeln, die du oft benutzt, werden größer und stärker. Radfahren, Laufen und alle anderen Arten von Sport lassen dein Herz schneller schlagen und dein Blut schneller fließen. Je öfter du Sport machst, desto stärker ist also auch dein Herz. Durch den schnellen Blutfluss bleiben auch deine Gefäße gesund und du bekommst viel Energie.

Warum ist Bewegung gesund?

Bewegung tut nicht nur der Lunge und dem Herzen gut, sondern auch den Muskeln, Knochen und dem Gehirn. Du schläfst besser, hast ein gesundes Gewicht, kannst dich in der Schule besser konzentrieren und fühlst dich insgesamt wohler. Und vor allem macht Bewegung Spaß! Sitz also möglichst nie länger als dreißig Minuten am Stück still, denn das macht deinen Herzmuskel träge.

Herzenswunsch

„Ich trau mich nicht“, sagt Mila, als sie Roms Turm erreichen. „Vielleicht wird er böse.“

„Wir gehen zusammen nach oben“, sagt Amor und steigt die Treppe hoch.

Mila folgt ihm. Das Herz schlägt ihr bis zum Hals.

„Wer ist da?“, ruft Rom hinunter. „Ich möchte nicht gestört werden!“

Mila nimmt allen Mut zusammen und ruft:

„Wir sind’s, Amor und Mila! Wir haben einen Plan, wie wir den Fels von der Brücke bekommen!“

Keine Antwort. Mila und Amor steigen weiter die Turmtreppe hinauf. Oben steht Rom. Langsam dreht er sich um. Tränen glitzern in seinen Augen, aber er sieht sehr froh aus.

Lieber Rom,

wir arbeiten mit Hochdruck an einer neuen Zugbrücke. Aber als Erstes muss der Fels zur Seite geschafft werden.
Wir sollten uns zusammentun.
Helft Ihr uns?

Liebe Grüße
Jule aus dem Wald

PS: Lass uns unseren Streit vergessen!
Ich trage Dich immer noch in meinem Herzen.
Könnte ich doch nur in die Burg kommen!

PPS: Öffne Dein Herz.

Offen oder verschlossen

Man sagt, ein Herz ist offen oder verschlossen. Nicht im buchstäblichen Sinne. Aber kennst du das Gefühl, wenn du nicht willst, dass dich jemand enttäuscht oder dir wehtut? Dann fühlt es sich so an, als wäre dein Herz verschlossen. Das gibt dir vielleicht Sicherheit, weil dich niemand verletzen kann. Aber mit einem verschlossenen Herzen kannst du nicht richtig fühlen. Nur mit einem offenen Herzen kannst du dich auf Liebe und Freundschaft einlassen.

10 Hast du ein offenes Herz?

„Was ist los?“, fragt Mila.
„Ich hatte ein gebrochenes Herz“, sagt Rom.
„Aber das war einmal. Denn gerade kam Pippin mit diesem Brief angeflattert. Endlich …“
Rom seufzt erleichtert. „Jule mag mich also doch noch. Aber was meint sie mit ‚öffne Dein Herz‘?“
„Dass du aus deinem Turm kommen und deinen Gefühlen folgen sollst“, sagt Amor.
Pippin fliegt zu Mila und landet auf ihrem Arm.
„Eine Brieftaube, wie praktisch!“
Mila sieht Amor an. „Sollen wir deiner Mama und meinem Papa auch einen Brief schicken?“

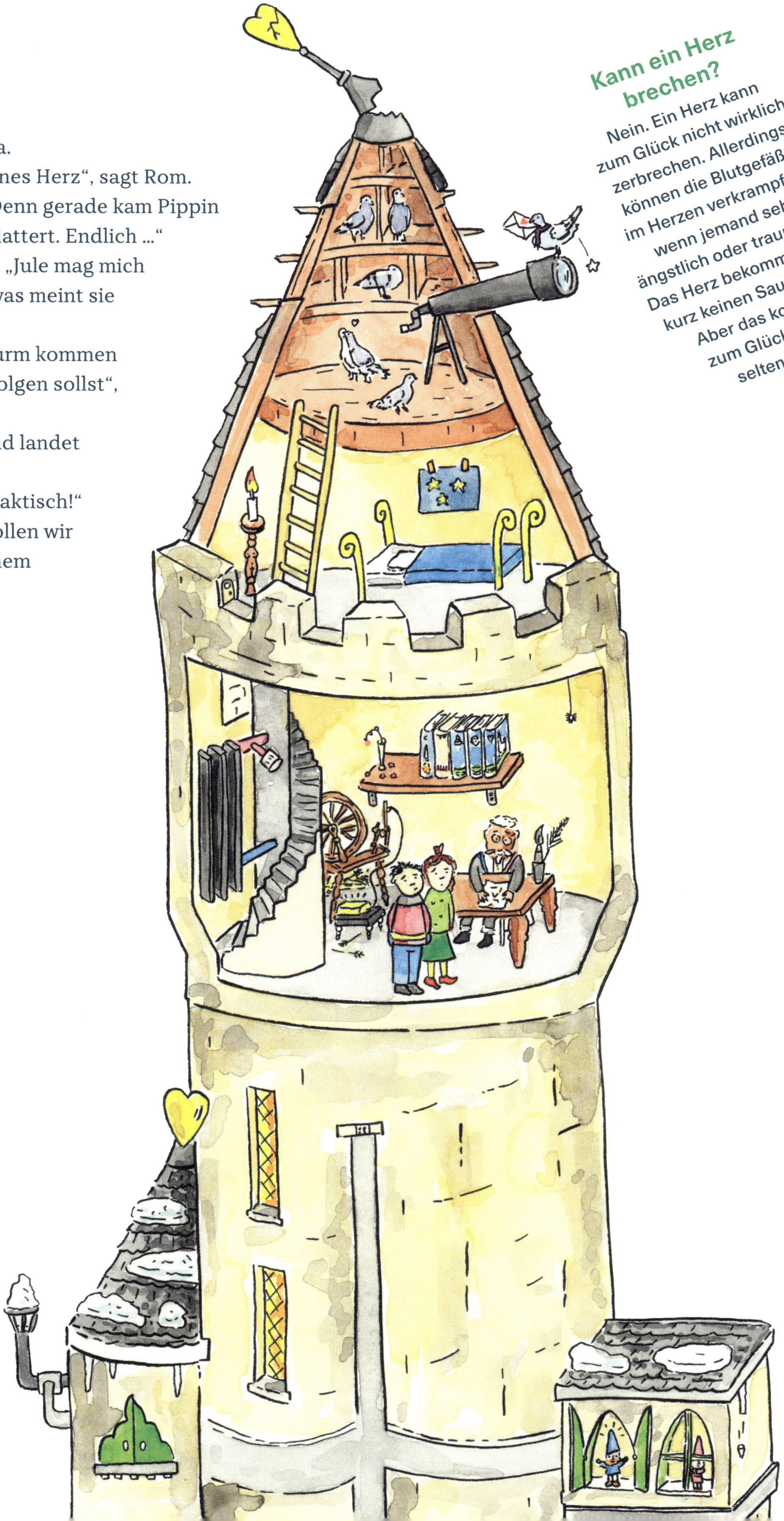

Kann ein Herz brechen?

Nein. Ein Herz kann zum Glück nicht wirklich zerbrechen. Allerdings können die Blutgefäße im Herzen verkrampfen, wenn jemand sehr ängstlich oder traurig ist. Das Herz bekommt dann kurz keinen Sauerstoff. Aber das kommt zum Glück sehr selten vor.

Gute Idee!

An Roms Tisch malen Mila und Amor ihren Plan auf. „Ihr seid ja clever“, sagt Rom. „Das bringt mich auf eine Idee.“ Er nimmt sich ebenfalls ein Blatt Papier und zeichnet eine Skizze. „Wartet, ich zeige das kurz den anderen.“ Mit der Skizze unter dem Arm verlässt er pfeifend den Turm in Richtung Werkstatt.
Mila und Amor wollen nun ihren Eltern einen Brief schicken. Auf der Suche nach Wilhelm laufen sie zum Großen Saal.

Von weitem hören sie ihn auch schon: „Ich bin auf dieser Burg der Sänger, ein wahrer Melodienfänger.“
Wilhelm überreicht ihnen jeweils eine Gänsefeder.
„Dichten bring ich euch gern bei, nehmt euch ’ne Feder, eins, zwei, drei!“
Mila und Amor tauchen ihre Schreibfedern in ein Tintenfass.
„Passt auf, ihr zwei, und seid bereit“, singt Wilhelm, „zu öffnen euer Herz ganz weit!“

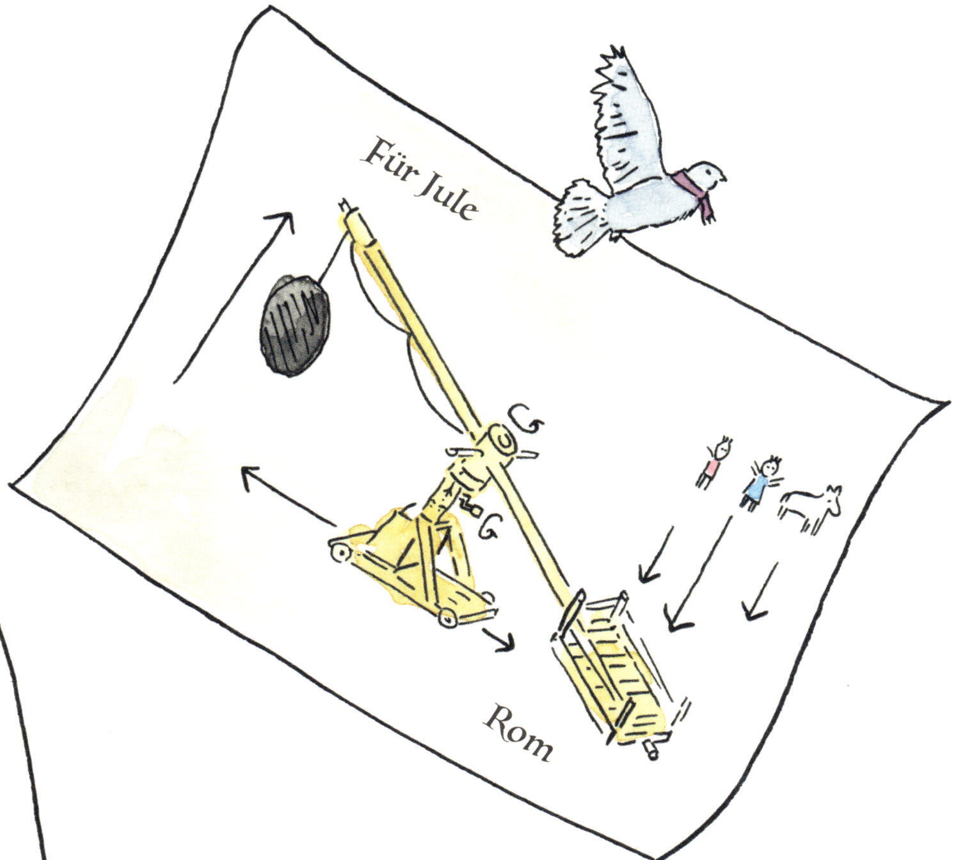

Liebste Jule,
wie konnt' ich so am Zweifeln sein?
Du bist ein Schatz, für immer mein.
Ich will Dich endlich wiedersehn,
würd' über jede Brücke gehn.

Dein Rom

Lieber Papa,
ich vermiss Dich schrecklich doll.
Dich zu sehn wär wundervoll.
Wär er doch weg, der doofe Stein!
Dann könnte ich bald bei Dir sein.

Deine Mila

PS: Rom steht immer noch auf Jule.
PPS: Wir haben einen Plan! Rom hat ihn aufgemalt und Pippin, die Taube, fliegt damit zu Jule.

Hallo Mama,
ach, wärst Du doch nur hier,
endlich wieder bei mir.
Wir werden uns befrein
von diesem schweren Stein.

Viele Grüße
Dein Amor

Ein Plan wird geschmiedet

Zwei Tage später

In der Werkstatt ist kein Hämmern und Sägen zu hören. Das Feuer im Heizkessel ist erloschen und in der ganzen Burg ist es eiskalt.
„Wie lange müssen wir noch durchhalten?", fragt Mila mit leiser Stimme.
Amor hustet ununterbrochen.
„Pippin hat heute Morgen Post gebracht", sagt Hendrik. „Mir ist das Herz aufgegangen, als ich gelesen habe, wie hart alle Dorfbewohner an der neuen Brücke arbeiten. Jetzt sind wir dran! Wir müssen noch die Ketten für die Zugbrücke fertigstellen. Es ist fast geschafft. Aber ..."
„Was aber?", fragt Mila.
„Wir haben kein Holz mehr, um Feuer zu machen. Deswegen können wir die letzten Kettenglieder nicht aneinanderschmieden."
„Uns fällt schon was ein", sagt Trude, aber sie sieht genauso besorgt aus wie Hendrik.
Amor denkt nach. Auf einmal macht sein Herz einen Hüpfer. Natürlich! Das Holz-Herz, das ihm Mila geschenkt hat! Es hängt über seinem Bett und er betrachtet es jeden Abend. Eigentlich mag er es nicht hergeben, aber es bleibt ihnen wohl nichts anderes übrig.
Mila errät seine Gedanken. „Mein Herz für dich ..."

Kann dein Herz springen?

Hast du auch manchmal das Gefühl, dass dein Herz hüpft? Es springt natürlich nicht wirklich. Aber wenn du zum Beispiel verliebt bist oder wenn etwas Schönes passiert, schlägt dein Herz schneller. Das fühlt sich dann so an, als würde dein Herz einen Sprung vor Glück machen.

DER HI-HA-HERZ-TEST!

Welches Wort passt hier nicht?

Küche – Kammer – Herzklappe
Lunge – Luftröhre – Darm
Arterien – Vene – Heizrohr
Sauerstoff – Benzin – Kohlenstoffdioxid
Rauchen – Sport machen – gesunde Ernährung

11 Don't worry, be happy!

Sich etwas zu Herzen nehmen

Sich zu viele Sorgen zu machen ist nicht gut für den Körper. Wenn du immer wieder darüber nachdenkst, was alles Schlimmes passieren könnte, belastet das auch dein Herz und deine Blutgefäße. Also sag laut „Stopp", wenn zu viele negative Gedanken in deinem Kopf kreiseln, und versuch dich ein bisschen davon abzulenken. Vor allem Bewegung hilft gegen zu viel Grübelei. Wenn du nachts vor lauter Sorgen nicht schlafen kannst, probier zum Beispiel mal die Yoga-im-Schlafanzug-Übung.

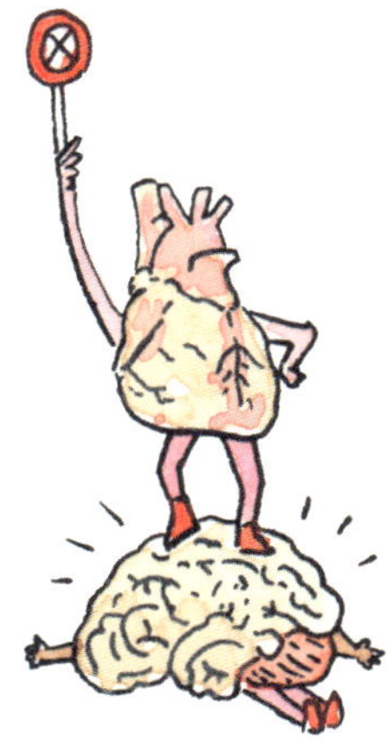

12 Yoga-im-Schlafanzug

Rätselraten

Sieh dir diese vier Abbildungen an. Welche Erklärung gehört zu welcher Abbildung?

1. EIN GOLDENES HERZ HABEN

2. SEIN HERZ AUF DER ZUNGE TRAGEN

3. SEIN HERZ AUSSCHÜTTEN

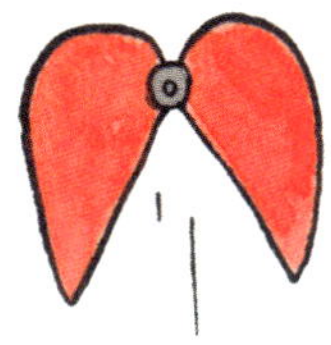

4. SICH EIN HERZ NEHMEN

A. Alles erzählen, was einen gerade beschäftigt

B. Sich etwas trauen

C. Seine Gefühle und Gedanken immer frei und offen mitteilen

D. Gut zu anderen sein

Baufehler

Eins von hundert Kindern hat bei der Geburt einen Herzfehler. Menschen mit einem Baufehler im Herzen haben oftmals weniger Energie. Sie brauchen Medikamente oder müssen manchmal sogar operiert werden. Zum Glück sind Herzchirurgen, also die Ärztinnen und Ärzte, die Herzen operieren, sehr klug und geschickt. Sie können sogar Babyherzen operieren.

Auflösung DER HI-HA-HERZ-TEST!
Küche, Darm, Heizrohr, Benzin, Rauchen

Auflösung RÄTSELRATEN
1D, 2C, 3A, 4B

Voller Spannung

Hendrik und Trude sind mit ihrer Arbeit fertig. Im Großen Saal warten alle Burgbewohner voller Spannung auf Nachricht aus dem Dorf. Sie prosten sich mit dem letzten bisschen Brombeersaft zu, und Wilhelm stimmt die Burghymne an. Dieses Mal singen alle leise mit.

Als es dämmert, kommt Pippin mit einem Brief hereingeflogen.

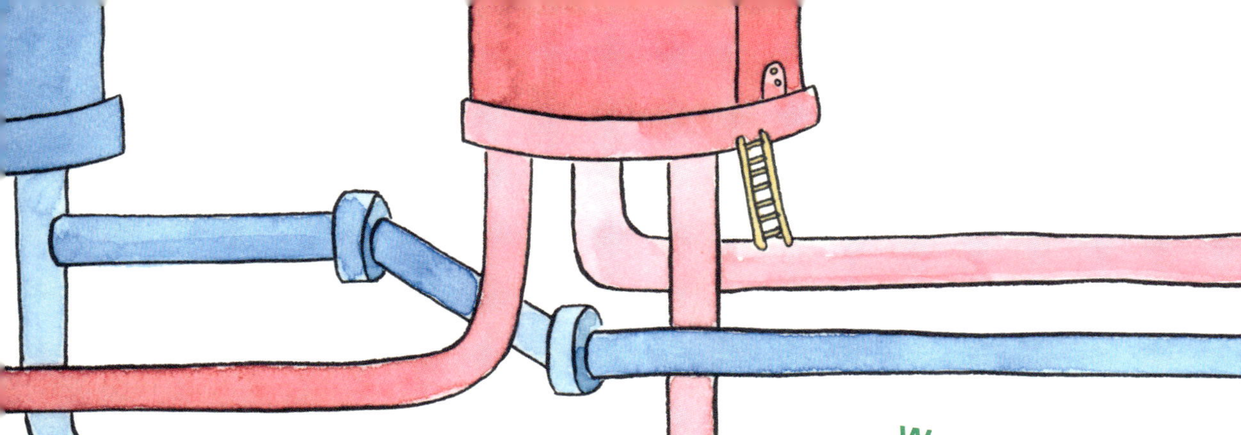

Schlaf gut

Schlafen ist gut fürs Herz. Wenn du schläfst, entspannen sich deine Muskeln und kommen zur Ruhe. Das gilt auch für deinen Herzmuskel. Darum ist Schlafen so gesund! Schläfst du manchmal schlecht? Das ist nicht weiter schlimm. Solange du ruhig liegst, erholst du dich. Lass dir davon bloß nicht den Schlaf rauben.

Weniger Stress

Hast du oft Bauchschmerzen oder schlägt dein Herz manchmal extra doll? Das können Anzeichen deines Körpers sein, dass du angespannt oder gestresst bist. Stress ist nicht gut fürs Herz. Beantworte die Fragen rechts, um herauszufinden, was dich stresst und was du dagegen machen kannst.

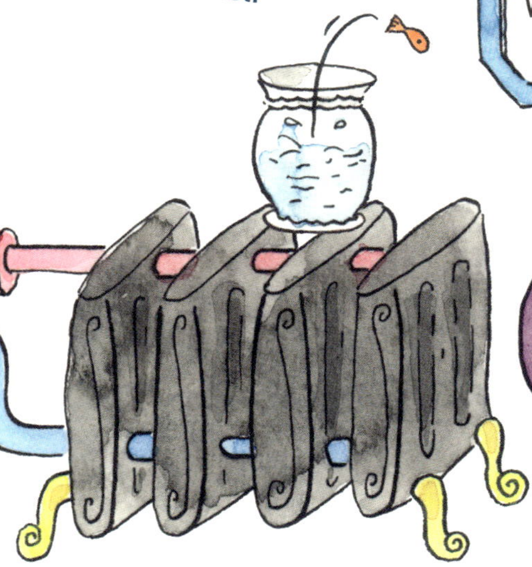

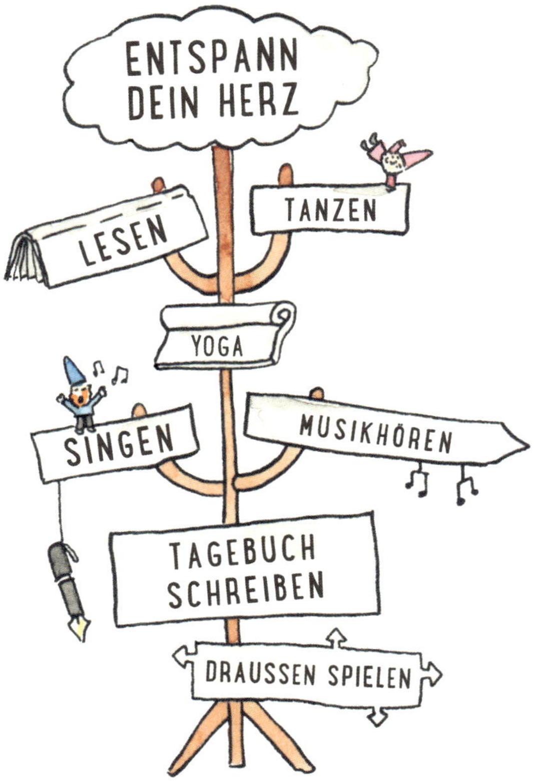

Entspann dein Herz

Dein Herz schlägt Tag und Nacht. Sich von Zeit zu Zeit zu entspannen, ist also eine gute Idee. Hast du viel zu tun und versuchst, überall dabei zu sein? Dann schau dir links die Möglichkeiten an, wie du trotzdem für Entspannung sorgen kannst.

VIELE HÄNDE
MACHEN DER ARBEIT
SCHNELL EIN ENDE

Mit ganzem Herzen

Ab ins Grüne!

Wusstest du, dass dein Herz schon nach drei Minuten ruhiger schlägt, wenn du in der Natur bist? Viel Zeit an der frischen Luft tut dir gut. Du atmest viel frischen Sauerstoff ein, und die Geräusche der Natur sind beruhigend. Nach einem Spaziergang in der Natur fühlst du dich glücklicher und schläfst auch besser.

Die Kraft des Lachens

Lachen ist supergesund. Denn dabei werden Glücksbotenstoffe freigesetzt, die dafür sorgen, dass du dich fröhlich und glücklich fühlst. Beim Lachen atmest du außerdem tief ein und aus und wirst dadurch viele Abfallstoffe los. Ein Lachanfall tut also Herz und Lunge gut.
Es gibt nichts zu lachen? Gute Nachricht: Du kannst dich selbst zum Lachen bringen! Wie das geht? Schau hinten im Buch bei Wissensfrage 13 nach.

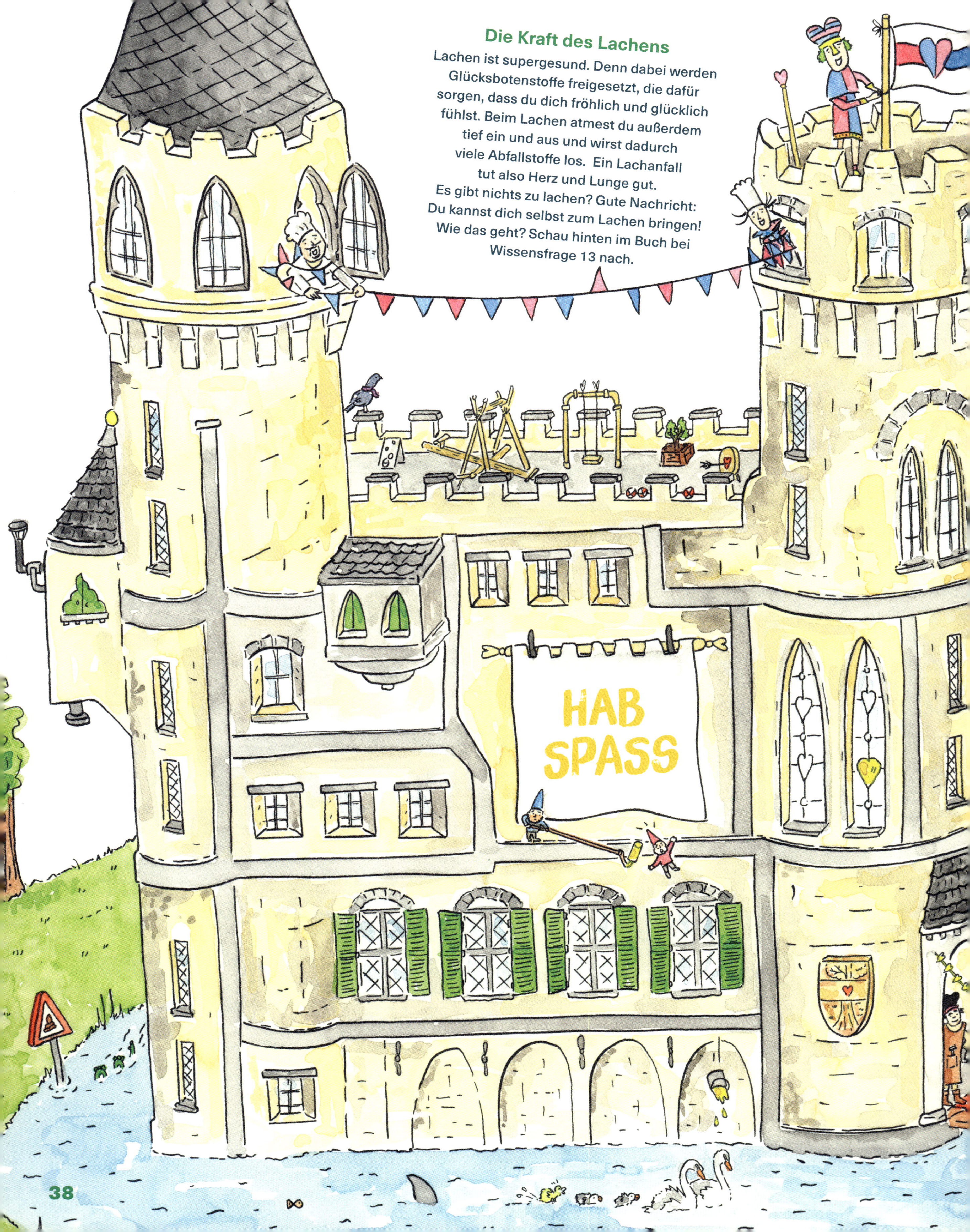

Alles wieder gut

13 **Wie zauberst du dir ein Lachen ins Gesicht?**

Gemeinsam stark

Mit anderen zusammen Spaß haben ist gut für dein Herz! Du spürst regelrecht, wie dein Blut in Schwung kommt und Energie durch deinen Körper strömt. Es ist auch einfacher durchzuhalten, wenn du mit anderen zusammen bist. Du fühlst dich stark und schaffst mehr.

Was das Herz erfüllt

Das neue Herz, das Mila für Amor aus Holz geschnitzt hat, ist noch größer als das davor. Traut sie sich jetzt endlich, es ihm zu sagen? Sie holt tief Luft. „Ich bin verliebt. Dreimal darfst du raten, in wen."

„Keinen blassen Schimmer", sagt Amor mit Schmetterlingen im Bauch. Traut er sich jetzt auch endlich, es ihr zu sagen? „Eins: in den tollsten Jungen der Burg. Zwei: in den Sohn der Wächterin. Drei: also in mich."

„Dreimal richtig", sagt Mila. „Und jetzt?"

„Dreimal küssen", neckt Amor sie.

„Auf keinen Fall!", ruft Mila und rennt weg. „Wer als Erstes am Burgtor ist."

Hymne des frohen Herzens

(Ode an ein Herz voller Freude)

Burg Herzberg strahlt in voller Pracht,
denn mit viel Herz wird hier regiert.
Drum komm herein und gib gut acht,
dass diesem Herzen nichts passiert.

Erleichtere dein Herz hier.
Teil deine Sorgen mit uns allen.
Komm mit hinaus zu Sport und Spiel.
Lass allen Stress von dir abfallen!

Feier mit Freunden, verliebe dich.
Das stärkt das Herz und tut ihm gut.
Zu fett und süß iss lieber nicht.
Das ist nicht gut für Herz und Blut!

Folg deinem Herzen durch das Tor.
Genieß den Tag und sing im Chor.

14 Was bedeuten diese Herz-Emojis?

Ganz gesund

Tipps und Tricks für ein gesundes Herz

5 Wie kannst du dich um dein Herz kümmern?

Das Herz ist der Muskel, der von allen Muskeln in deinem Körper am meisten arbeitet. Sei deshalb nett zu ihm, denn mit einem gesunden Herzen fühlst du dich gut und fit! Was genau du dafür tun kannst, erfährst du auf dieser Seite.

GUT FÜR DEIN HERZ

Viel Obst und Gemüse essen

Wasser trinken

Zeit mit Familie und Freunden verbringen

Draußen spielen und Sport machen

Entspannen

NICHT GUT FÜR DEIN HERZ

Zu viel, zu süßes, zu salziges und zu fettiges Essen

Softdrinks trinken

Zu viele Sorgen

Anspannung und Stress

Zu wenig Bewegung und zu viel Sitzen

1 Was macht das Blut?

Blut ist eine rote Flüssigkeit. Sie fließt durch die Blutgefäße und gelangt so durch deinen ganzen Körper.

Das sind die Aufgaben deines Blutes:

- Sauerstoff, Nährstoffe und Abfallstoffe transportieren
- die Wärme deines Körpers regulieren
- dich gegen Krankheitserreger wie Viren schützen

Gesund beginnt im Mund

Du wirst es kaum glauben, aber Zähneputzen ist gut für dein Herz. Wer gut putzt, hat ein gesundes und sauberes Gebiss. Eine schlechte Mundhygiene kann zu Entzündungen im Mund führen, bei denen Bakterien in deine Blutgefäße gelangen. Also immer schön putzen!

2 Was sind Nährstoffe?

Um gesund und stark zu bleiben, braucht dein Körper Nährstoffe. Das sind die Stoffe im Essen, die gut für dich sind. Nährstoffe helfen dir beim Wachsen, versorgen dich mit Energie und beschützen dich vor Krankheiten. Wenn du dich jeden Tag gesund ernährst und genügend Wasser trinkst, nimmst du alle wichtigen Nährstoffe auf. Über die Wand deines Dünndarms gelangen sie in die Blutgefäße und werden dann zu den Zellen in deinem Körper transportiert.

3 Was weißt du über deine Organe?

Dein Körper besteht aus Zellen. Größere Zellansammlungen bilden das sogenannte Gewebe. Aus dem Gewebe wiederum setzen sich die Organe zusammen. Manche Organe sind überall in deinem Körper, wie zum Beispiel Blutgefäße und Muskeln. Andere sind in deinem Kopf, wie dein Gehirn, oder in deinem Körper, wie beispielsweise Herz, Lunge, Magen und Darm.

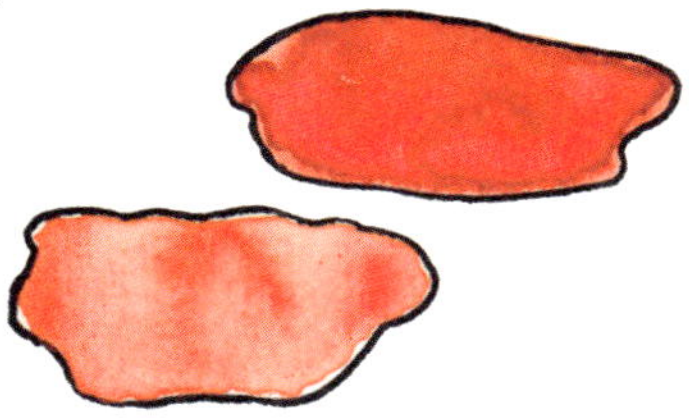

8 Hellrotes und dunkelrotes Blut

Wusstest du, dass dein Blut verschiedene Farben hat? Sauerstoff färbt das Blut in deinen Arterien hellrot. In den Venen ist dein Blut dunkelrot. Das liegt an dem geringen Sauerstoffanteil.

4 Wie gelangt der Sauerstoff aus der Lunge in dein Blut?

Deine Lunge ist voller Lungenbläschen, die von winzigen Blutgefäßen, den Kapillaren, umgeben sind. Der Sauerstoff gelangt durch die Wand der Kapillaren ins Blut. Gleichzeitig gelangt das Kohlendioxid auf demselben Weg in die Lunge. Spannend, oder?

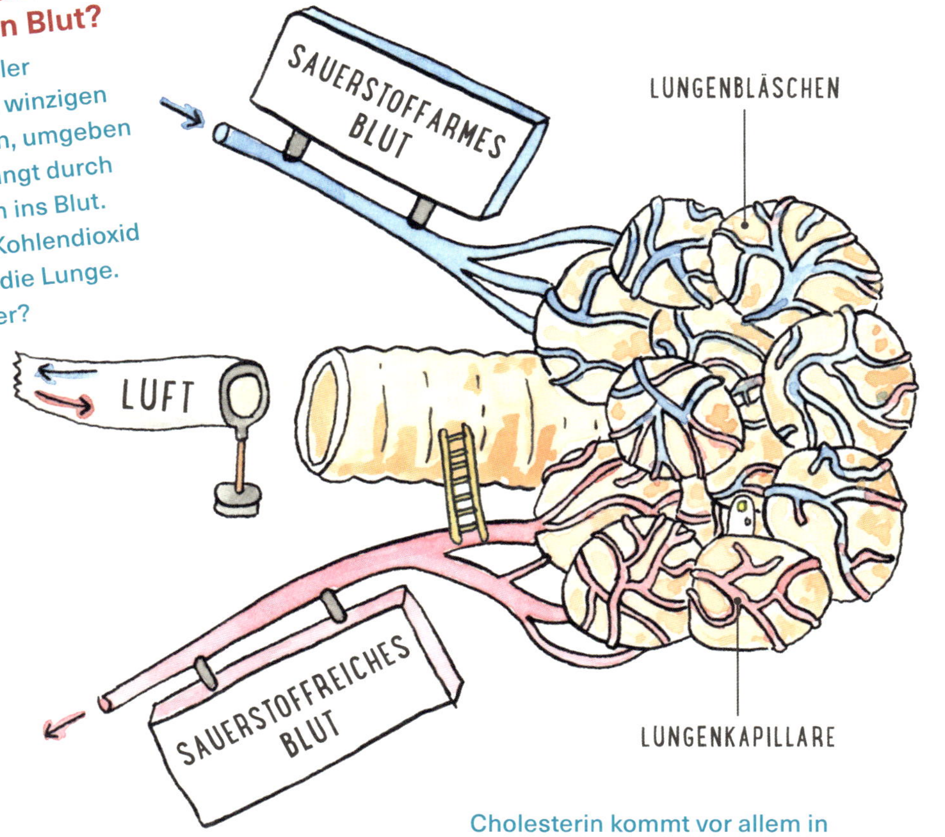

Ein halber Eimer voll

Kinder haben ungefähr 1,5 Liter Blut im Körper. Bei Erwachsenen sind es durchschnittlich 5 Liter, was in etwa einem halbvollen Eimer entspricht.

Blut-Stopp

Wenn du gestürzt bist und dich verletzt hast, blutet es manchmal. Das Blut verschließt die Wunde wieder und verhindert, dass sie sich entzündet. Man sagt, das Blut *gerinnt.* Dabei bildet sich eine Kruste.

9 Wie kommt es zur Verstopfung eines Blutgefäßes?

Dein Körper braucht *Cholesterin.* Das ist ein fettähnlicher Stoff, der in kleinen Kügelchen in deinen Blutgefäßen vorkommt. Mithilfe dieses Stoffes können neue Zellen produziert werden. Zu viel Cholesterin ist allerdings ungesund, weil es deine Gefäße verstopfen kann.

Cholesterin kommt vor allem in Keksen, Kuchen, Snacks, in Vollmilch, fettem Fleisch und in Wurst vor. Deshalb ist es gesünder, viel frisches Obst und Gemüse zu essen und möglichst wenig Fertiggerichte. Um deine Blutgefäße durchlässig zu halten, ist außerdem ausreichend Bewegung jeden Tag die beste Medizin.

Gesundes Blutgefäß:
lässt das Blut problemlos hindurch

Ungesundes Blutgefäß:
ist fast verstopft

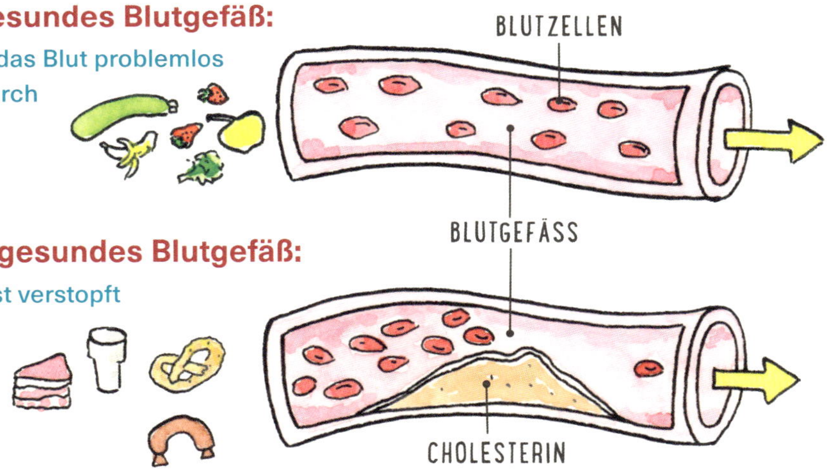

Alko-NO

In Wein und Bier ist Alkohol enthalten. Menschen, die zu viel davon trinken, können Herzprobleme bekommen. Denn Alkohol ist ein schädlicher Stoff, der die Blutgefäße weitet, wodurch das Herz stärker arbeiten muss.

Mal mehr, mal weniger

Wenn du dich sehr intensiv bewegst, kommst du ins Keuchen und Schwitzen. Dein Herz schlägt dann schneller und wird dadurch stärker. Aber sich weniger intensiv zu bewegen, ist auch sehr gesund. Dann sind dein Herzschlag und dein Atem gleichmäßig leicht erhöht, sodass du dich zum Beispiel immer noch problemlos unterhalten kannst. Am besten wechselst du beide Zustände ab und bewegst dich mal mehr und mal weniger intensiv.

Intensive Bewegung

- Tanzen
- Joggen
- Fußballspielen
- Skaten
- Work-out auf dem Balkon oder im Garten

Weniger intensive Bewegung

- mit dem Rad oder zu Fuß zur Schule
- draußen spielen
- im Haushalt helfen
- Bewegungsspiele
- Gartenarbeit

7 Kann man Blutgefäße sehen?

Blutgefäße, die direkt unter der Oberfläche deiner Haut liegen, kannst du sehen, wie zum Beispiel auf deinem Handrücken. Drück mal drauf. Die Blutgefäße haben eine weiche Außenwand und lassen sich leicht eindrücken.

Ganz gesund

Tipps und Tricks für ein entspanntes Herz

Passiert Verlieben im Herzen oder im Kopf?

Liebe fängt nicht im Herzen an, sondern im Kopf! Wenn du verliebt bist, produziert dein Gehirn* einen Stoff, der ein Gefühl von Wärme und Freude auslöst. Dieser Stoff heißt *Dopamin*.

*Willst du mehr über dein Gehirn wissen? Dann lies

Das Hotel zum Oberstübchen

Sei nett zu dir!

Geht's dir gut und fühlst du dich wohl in deiner Haut? Machst du dir selbst hin und wieder ein Kompliment? Es ist wichtig, dass du nett zu dir bist. Warum? Weil es deinem Herzen guttut.

1. **Tipp:** Rede dir gut zu und sei nicht zu streng mit dir.
2. **Tipp:** Vergleiche dich nicht mit anderen.
3. **Tipp:** Finde heraus, was dir guttut.
4. **Tipp:** Klopf dir selbst auf die Schulter.
5. **Tipp:** Sei dir selbst dein bester Freund oder deine beste Freundin.

Was lässt dein Herz höherschlagen?

Seinem Herzen zu folgen bedeutet: zu tun, was dir wirklich Spaß macht oder was du am liebsten tust. Manchmal flüstert dir dein Herz etwas zu. Hör gut auf dieses Gefühl. Dein Herz liegt selten daneben.

10 Hast du ein offenes Herz?

Ein offenes Herz fühlt sich wunderbar an. Es bedeutet, dass du für Freundschaft und Liebe offen und an anderen Menschen interessiert bist.

Kreuze an: Welche Eigenschaften treffen auf dich zu?

- ☐ ehrlich
- ☐ fröhlich
- ☐ neugierig
- ☐ zuverlässig
- ☐ herzlich
- ☐ entspannt
- ☐ freundlich
- ☐ hilfsbereit

Hast du mehrere Eigenschaften angekreuzt? Dann ist dein Herz weit offen! Und die Eigenschaften, die du nicht angekreuzt hast, kannst du üben. Am besten fängst du mit etwas Kleinem an. Willst du beispielsweise öfter hilfsbereit sein? Dann unterstütze jemanden beim Einkaufen oder bei einer anderen Tätigkeit.

11 Don't worry, be happy!

Wer positiv denkt, ist glücklicher, aufgeschlossener und gesünder. Positives Denken tut Körper und Herz gut. Negative Gedanken führen dazu, dass du dir weniger zutraust, dich schlechter fühlst und weniger Spaß hast. Also versuche, dir positive Gedanken zu machen! Das geht natürlich nicht immer und ist manchmal leichter gesagt als getan, aber denk dran: Wenn du dich gut fühlst, ist das auch gut für dein Herz. Was gefällt dir heute an dir? Nimm ein Blatt Papier und schreibe mindestens vier positive Dinge auf. (Mehr geht natürlich immer!) Das Blatt kannst du dir auch übers Bett hängen.

13 Wie zauberst du dir ein Lächeln ins Gesicht?

Lachen ist sehr gesund. Mit diesen Tricks kannst du dich selbst zum Lachen bringen:

1. Erinnere dich an etwas sehr Lustiges.
2. Zieh Grimassen vor dem Spiegel.
3. Lies ein Witzebuch.
4. Schau dir einen lustigen Film an.
5. Zieh die Mundwinkel hoch und lach einfach los.

Am Anfang ist das Lachen vielleicht noch unecht, aber wenn du das öfter machst, musst du irgendwann von selbst richtig lachen.

6 Mein Herz erleichtern, wie geht das?

Ist dir das Herz schwer und du kannst nichts dagegen tun? Erzähl jemandem, wie du dich fühlst. Über die eigenen Gefühle zu sprechen, fällt dir womöglich schwer. Doch es ist wichtig, anderen zu zeigen, wie es dir gerade geht. Teile deine Sorgen oder das, was dich beschäftigt. Das hilft. Wirklich wahr! Dir ist sofort leichter ums Herz.

Wie denkst du?

Hast du ein Problem? Dann versuche, nicht daran zu verzweifeln. Das wäre nicht gut für dein Herz. Überleg dir stattdessen, was du selbst tun kannst. Schick deine Gedanken in die richtige Richtung. Welche Sätze helfen dir am meisten? Sprich sie laut aus.

Diese Übung kannst du immer machen, wenn du angespannt bist.

12 Yoga-im-Schlafanzug

Machst du dir Sorgen und bist unruhig deswegen? Mithilfe dieser Übung kommst du schnell wieder zur Ruhe.

1. Lege eine Hand aufs Herz und die andere auf deinen Bauch.
2. Atme tief ein.
3. Weite dabei deinen Bauch und fülle die Lunge mit Luft.
4. Atme langsam wieder aus.
5. Mach das ein paarmal hintereinander und spüre, wie dein Herz ruhiger schlägt.

14 Was bedeuten diese Herz-Emojis?

Mit einem Herz lässt sich viel sagen. Weißt du, was diese verschiedenen Herz-Emojis bedeuten?

- Liebe
- Freundschaft
- Gesundes Leben und Natur
- Glück
- Treue
- Anteilnahme für jemanden, der traurig ist
- Trauer und Leid
- Liebeskummer
- Du magst jemanden sehr
- Wahre Freundschaft
- Dein Herz schlägt für jemanden
- Dein Herz strömt über vor Glück
- Du findest jemanden toll
- Du bist verliebt
- Du schenkst jemandem dein Herz

HERZKARTE
HERZ-GLOBUS
BALDUIN DER BÄCKER
HERZTORTE
KLARA DIE KÖCHIN
HERZBALLON
HERZLAMPE
WILHELM DER MINNESÄNGER
RECHTE HERZKAMMER
SPRACHE DES HERZENS
ZUCKERHERZEN
SCHWESTERN
MAMA
PAPA
SICH EIN HERZ NEHMEN
MENÜ
ARTI-SCHOCKEN-HERZEN
HERZHAFTE TARTE
DEM HERZEN FOLGEN
HERZKLOPFEN
DAS HERZ AUF DER ZUNGE TRAGEN
HERZOGIN
HERZOG
HÜPFENDES HERZ
HEILENDES HERZ
ZWEI GESCHMOLZENE HERZEN
ECHTES HERZ
AMORS MUTTER DIE WÄCHTERIN
KARL DER KELLERMEISTER
SCHLÜSSEL ZUM HERZEN
GESTOHLENES HERZ
GOLDENES HERZ
DER HERZ-KASPER
AMOR